自分でできる
コグトレ
2

感情をうまく
コントロールする
ためのワークブック

学校では教えてくれない
困っている子どもを支える認知ソーシャルトレーニング

宮口 幸治

Cognitive Training

保護者と先生方へのまえがき

　本シリーズは、現在、学校教育等で幅広く使われ始めているコグトレを、子どもが一人でも取り組めるように構成したものです。コグトレとは、「認知○○トレーニング (Cognitive ○○ Training)」の略称で、○○には

「ソーシャル（→社会面）Cognitive Social Training: COGST」、

「機能強化（→学習面）Cognitive Enhancement Training: COGET」、

「作業（→身体面）Cognitive Occupational Training: COGOT」

が入ります。学校や社会で困らないために3方面（社会面、学習面、身体面）から子どもを支援するための包括的支援プログラムです。

　もともとコグトレは学校教員や保護者など指導者のもとでテキストを用いて実施するものですが、そういった環境を作るのがなかなか難しいといった声もお聞きし、子どもが一人でも読み進めながら学べる形式のテキストの作成を検討して参りました。

　本シリーズは、以下の「困っている子どもの特徴＜5点セット +1 ＞」に対応できるよう、コグトレを応用したワークブックを使って、一人で読み進めながら、登場人物とともに子ども自身が困っているところや苦手なところを克服していく展開となっています。（「困っている子どもの特徴＜5点セット +1 ＞」につきましては、『教室の困っている発達障害をもつ子どもの理解と認知的アプローチ——非行少年の支援から学ぶ学校支援』（明石書店）をご参照ください。）

・認知機能の弱さ　　　⇨　「学びの土台を作る」ためのワークブック

・感情統制の弱さ　　　⇨　「感情をうまくコントロールする」ためのワークブック

・融通の利かなさ　　　⇨　「うまく問題を解決する」ためのワークブック

・不適切な自己評価　　⇨　「正しく自分に気づく」ためのワークブック

・対人スキルの乏しさ　⇨　「対人マナーを身につける」ためのワークブック

＋身体的不器用さ　　　⇨　「身体をうまく使える」ためのワークブック

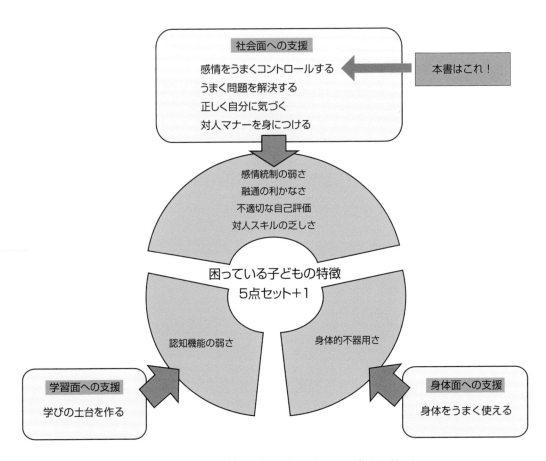

社会面への支援

感情をうまくコントロールする

うまく問題を解決する

正しく自分に気づく

対人マナーを身につける

本書はこれ！

感情統制の弱さ

融通の利かなさ

不適切な自己評価

対人スキルの乏しさ

困っている子どもの特徴
5点セット＋1

認知機能の弱さ

身体的不器用さ

学習面への支援

学びの土台を作る

身体面への支援

身体をうまく使える

「困っている子どもの特徴5点セット＋1」へのコグトレを使った
「社会面」「学習面」「身体面」からの具体的支援

本書は、左ページ図の「感情をうまくコントロールする」ためのワークブックに相当します。なお、支援者向けテキストは以下のものをご参照ください。

　『社会面のコグトレ　認知ソーシャルトレーニング①　段階式感情トレーニング／危険予知トレーニング編』（三輪書店）

　本シリーズをお使いいただき、困っている子どもたちの生きやすさに少しでもつながることを願っております。本書の企画に賛同頂きました明石書店様には心より感謝申し上げます。

著者を代表して

一社）日本 COG-TR 学会代表理事
立命館大学教授
児童精神科医・医学博士　宮口幸治

もくじ

人の気持ちに気がつく

相手の表情から気持ちを読み取る

人の気持ちの変化に気がつく

話をしている人の気持ちを考える

状況から人の気持ちを考える

人の気持ちの理由を考える

タイミングから人の気持ちを考える

聞く人の気持ちを考える

登場人物

>>> **れん**
　小学3年生。ゆいの弟。運動は好きだけど勉強は苦手。少し気が短くてあわてんぼう。でも正義感が強いところもある。

>>> **ゆい**
　小学4年生。れんの姉。弟の世話をしている。泣き虫だけど、がんばりやさん。でもがんばりすぎて失敗することも。弟にまけずおしゃべり。

>>> **山本先生**
　れんの担任。やさしくてきれいな女の先生。

>>> **田中先生**
　ゆいの担任。やさしくてかっこいい男の先生。

>>> **まどか先生**
　みんなのことを何でも知っている学校の先生。自分が子どものころの話もよくしてくれる。

>>> **コグトレ先生**
　子どものこころのお医者さん。何が大切なのかを教えてくれる。

全体の流れ

>>> 　れんさん、ゆいさんの成長を1年を通していっしょにみていきましょう。
本書の流れは次のようになっています。

>>> 「出来事」
困った出来事が起きました。

>>> 「考えてみよう」
れんさんやゆいさんが困っています。どうして困っている
か考えてあげましょう。

>>> 「?」
これから困らないようにするにはどうしたらいいか、いっしょに
考えてあげましょう。

>>> 「ヒント」
まどか先生からヒントがありますので、参考にしましょう。

>>> 「まどか先生からのアドバイス」
まどか先生からこれからどうしたらよいかアドバイスが
あります。

>>> 「みんなからの質問」
みんなが疑問に思うことについて、あなたも考えてみま
しょう。まどか先生の答えもあります。

>>> 「ここのまとめ」
最後にコグトレ先生からのアドバイスがあります。

はじめに

はじめまして。れんです。よろしく。

はじめまして。ゆいです。よろしく。

れん　ゆい

私たちは年子の姉弟です。2人とも、失敗したり困ったりすることが毎日いっぱいあります。

でも、ゆいがいろいろと教えてくれるから助かっています。

実は私も、れんに助けられることがけっこうあります。

みなさんも困ったことや不安なことがあるでしょう。私たちといっしょに、困ったことや不安なことを"解決する力"を身につけませんか？

いっしょに考えると気持ちが楽になりますよ。

そうです。なんだか元気が出ますよ。

意見を出し合うと "どう考えたらいいか" が分かってきます。そうすると、"次からどうするか" も分かるようになってきます。

 困^{こま}ったときにこの本を読んで参考^{さんこう}にしてもらってもいいし、全部読んで先に知っておくのもいいですね。

 私^{わたし}たちがこの本の中でみなさんといっしょに成長^{せいちょう}できたらうれしいです。では、いよいよ成長^{せいちょう}の第一歩が始まります。

 さあ、ページをめくって。 はじまりはじまり。

ここで学ぶこと ▶▶▶ 人の気持ちに気がつく

出来事 クラスがえで友達が悲しそう

>>> 新学期が始まりました。れんさんはワクワクしています。れんさんのとなりで、さとるさんが悲しそうな顔をしています。どうやらクラスがえで仲のいい友達とはなれてしまったようです。でもれんさんは、さとるさんの表情には気がつきませんでした。

はあ……

また同じクラスになったね。

さとる

れん

うん……

いつきさんもゆうとさんも同じクラスだし、ぼくはラッキーだな～。

>>> さとるさんはどこかへ行ってしまいました。

あれ？なんで行っちゃったんだろう。(困った……)

どうしてれんさんは困っているか考えてみよう

考えてみよう！

「困った……だって

_____

_____

なんだもん」

❓ れんさんが次から困らないようにするには、どうしたらよいかを いっしょに考えてあげましょう。

❓ れんさんが次から困らないようにするには、どうしたらよいかを いっしょに考えてあげましょう。

ヒント

● さとるさんはどんな顔をしていたのかな？
● 仲のいい友達とクラスがはなれたらどういう気持ちになるかな？

まどか先生

❓ れんさんが次から困らないようにするには、どうしたらよいかを いっしょに考えてあげましょう。

ヒント

● さとるさんはどんな顔をしていたのかな？
● 仲のいい友達とクラスがはなれたらどういう気持ちになるかな？

まどか先生

4月 5月 6月 7月 8月 9月 10月 11月 12月 1月 2月 3月

>>> れんさんはさとるさんの顔をしっかり見ると、さとるさんが悲しい顔をしていることに気がつきました。

クラスがえで悲しいことがあったの？

れん

さとる

そうなんだ。実は仲<ruby>仲<rt>なか</rt></ruby>よかった子とクラスがはなれちゃったんだ。

そうだったんだね。それはさみしいよね。

うん、ありがとう。でもれんがいてくれたから、安心したよ。

まどか先生からの
アドバイス

　新学期のクラスがえってドキドキするよね。仲<rt>なか</rt>のいい友達<rt>ともだち</rt>といっしょになれたらいいけど、なれないこともあるよね。れんさんは仲<rt>なか</rt>のいい友達<rt>ともだち</rt>といっしょになれたからよかったけど、さとるさんはなれなかったから悲しい気持ちになっていたんだね。でも最初<rt>さいしょ</rt>、れんさんはそれに気づきませんでした。だからさとるさんは、話の途中<rt>とちゅう</rt>でどこかに行ってしまったんだね。でも今度はしっかりさとるさんの気持ちに気がついて、話を聞いてあげることができました。では、次は本を読んでいる他のみんなからの質問<rt>しつもん</rt>です。あなたもいっしょに考えてみましょう。

みんなからの ▶ 質問 コーナーです。　あなたも考えて答えてみましょう。
（　　）は、まどか先生の答えです。

質問 みんなはクラスがえになってさみしい思いをしたことがありますか？

（先生もありました。自分のクラスを見て、知っている子がだれもいなくてショックでした。）

質問 みんなはクラスでだれも友達がいないときはどうしましたか？

（先生は、となりの子に宿題のことなんかを聞いて、話すきっかけを作っていました。）

質問 どうしてクラスがえをするのか分かりません。

（いろんな友達と仲よくするためだと思います。でも、つらいこともありますね。）

>>> いろいろな答えがあったよね。では最後にコグトレ先生からのアドバイスだよ。

ここの ▶ まとめ

人の気持ちが分かるというのは簡単ではありません。まず相手の顔をしっかり見て、その気持ちに気づかないといけません。相手が悲しそうな顔をしていたら "何か悲しいことがあったのだろうか"、おこっていたら "何が腹が立つことがあったのだろうか"、笑っていたら "何か楽しいことがあったのだろうか" そうやって相手の気持ちに気づくことができます。そのためにも、まず相手の顔をしっかり見ましょう。

コグトレ
先生

➡次は、ゆいさんが先生にムッとされるところだよ。

ここで学ぶこと ▶▶▶ 相手の表情から気持ちを読み取る

出来事 先生がムッとしている

>>> 朝の会の時間です。ゆいさんの担任の田中先生が、今日の放課後のクラブ活動の話をしています。ゆいさんは先生の話を聞かずに、新しく友達になった横の席のゆりさんに話しかけています。

今日はそうじが終わった人から、クラブ活動の場所に行ってくださいね。

田中先生

ねえねえ！
昨日のテレビ見た？あのアニメのキャラクターね……

ゆい

>>> 田中先生はゆいさんがしゃべっているので、ムッとして話すのをやめました。

……。

ゆいちゃん、その話あとでしよう？先生を見て。

ゆり

考えて
みよう！

「困った……だって

_____

_____

なんだもん」

どうしてゆいさんは困っているか
考えてみよう

❓ ゆいさんが次から困_{こま}らないようにするには、どうしたらよいかを
いっしょに考えてあげましょう。

ヒント

●先生は今、どんな気持ちかな？

●先生が話している時にしゃべっていたら、先生はどう思うかな？

まどか先生

>>> ゆいさんは田中先生がおこっているのが分かり、話すのをやめました。

ゆい

ごめんなさい。お話ししていて聞いていませんでした。

田中先生

そうだね。大事なお話をしているときはしっかり聞こうね。

はい、次から気をつけます。

まどか先生からの
アドバイス

　新しい友達ができたらうれしくてついついお話ししちゃうよね。でも朝の会では、先生は大切なお話をするからしっかり聞いておかないといけないよね。そんな時にずっとお話ししている子がいたら、静かにしてほしいなって思うよね。ゆいさんは、初めは田中先生の気持ちに気づかずに友達に話しかけていましたが、先生のムッとした顔を見て、おこっていることが分かり、今は話す時間じゃないと気づくことができました。では、次は本を読んでいる他のみんなからの質問です。あなたもいっしょに考えてみましょう。

みんなからの 質問 コーナーです。　あなたも考えて答えてみましょう。
（　　）は、まどか先生の答えです。

質問 **朝の会では、みんなの先生はいつもどんなことを話していますか？**

（時間割が変わったことや、委員会活動のことなど、大切な連絡が多かったことを覚えています。）

質問 **大事なお話を聞いてなかったことはありますか？**

（先生も子どものころ、ついついお話をしてしまって、聞いてなかったことがありました。）

質問 **みんなは、先生のお話中に他の子から話しかけられたことはありますか？**

（あります。注意できなくて、先生も子どものころ、いっしょにお話をしてしまいました。）

›››　いろいろな答えがあったよね。では最後にコグトレ先生からのアドバイスだよ。

ここの まとめ

　人がおこるとき、「こら」って声を出しておこったらよく分かりますが、相手が声を出さず、ムッとしていることもあります。もし相手が、ムッとしていたら、"あの人はおこっているのでは？"、"ひょっとして自分が何かしたのかな？" と考えてみるといいでしょう。もし何かよくないことをしていたら、すぐにやめて謝りましょう。そのためにも相手の顔をよく見ましょうね。

コグトレ
先生

→次は、れんさんが友達にちょっかいを出しすぎておこらせてしまうところだよ。

ここで学ぶこと ▶▶▶ 人の気持ちの変化に気がつく

出来事　友達にちょっかいを出しすぎて……

>>> 　休み時間にれんさんが新しく友達になったしょうたさんをくすぐっています。最初は笑っていたしょうたさんでしたが、れんさんがなかなかやめてくれないのでしょうたさんはだんだんいやな気持ちになってきました。

まだまだ〜！

くすぐったいよ、れん、やめてって！

れん　しょうた

もっとだ〜！

れん、本当にやめて！

>>> 　しょうたさんはだんだんいやな顔をしてきました。

やめろー！もうおこった！

ええ、さっきまで笑っていたのに。(おこらせてしまった。困った……)

考えてみよう！

「困った……だって

_____

_____

なんだもん」

どうしてれんさんは困っているか考えてみよう

❓ れんさんが次から困らないようにするには、どうしたらよいかを
いっしょに考えてあげましょう。

● 最初は笑っていたけど、だんだんいやな表情に変わってきた
らどんな気持ちだと思う？
● やめてほしいことをずっとされると、どんな気持ちになるかな？

まどか先生

>>> れんさんはしょうたさんの顔を見て "いやな気持ち" に変わってきたことに気づきました。そしてれんさんは、しょうたさんに謝りました。

やりすぎてごめんね。

ぼくの方こそ、おこってしまってごめんね。

これからは、やめてって言われたらすぐやめるよ。

まどか先生からの
アドバイス

　仲よくなった友達にちょっかいを出しちゃうことってあるよね。そのときに友達が笑っていたらもっとやっていいかなって思うけど、だんだんいやな気持ちになってくるかもしれないよね。れんさんは、しょうたさんが途中からやめてって言っているのに気づかずにおこらせてしまったんだね。これからはしっかり相手の表情を見て、気持ちが変わっていないかに気をつけないといけないね。では、次は本を読んでいる他のみんなからの質問です。あなたもいっしょに考えてみましょう。

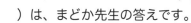

みんなからの → **質問** コーナーです。　あなたも考えて答えてみましょう。
（　）は、まどか先生の答えです。

質問 みんなは友達にちょっかいを出すことはありますか？

（先生はよく妹にちょっかいを出していました。それでよくケンカになってしまいました。）

質問 いやなことをされたときに「やめて」と言えますか？

（先生はなかなか言えませんでした。やめてって言うのは勇気がいることだよね。）

質問 笑いながら「やめて」と言われたらどうしますか？

（笑っていると楽しいんだって思うよね。でもはっきりやめてって言えない子かもしれないよね。）

>>> 　いろいろな答えがあったよね。では最後にコグトレ先生からのアドバイスだよ。

ここの まとめ

コグトレ
先生

　相手が今、どんな気持ちなのかは相手の表情を見ると分かりやすいです。笑っていると "楽しい"、ムッとしていると "おこっている"、泣きそうな顔をしていると "悲しい" という感じです。でも、人の気持ちはよく変わります。楽しい気持ちが急にいやな気持ちに変わったりします。そんなときは相手の表情を見れば、どう変わったかがよく分かります。相手がどんな気持ちになっているか知りたいときは、相手の表情をよく見ましょう。

➡次は、友達がおこられているときにゆいさんが話しかけてしまうところだよ。

ここで学ぶこと ▶ ▶ ▶ 話をしている人の気持ちを考える

出来事 友達（ともだち）がおこられている

>>> 教室でゆいさんと仲（なか）のいいお友達（ともだち）のななみさんと田中先生が何か話をしています。ななみさんは泣（な）きそうな顔をしていました。

あんなことしちゃダメだよね。

ごめんなさい……

田中先生　ななみ

>>> ゆりさんとお絵かきしていたゆいさんは、ななみさんに見せに行こうとしました。

ゆいさん、今はダメだよ！あとにしよう！

ゆり

>>> でも、ゆいさんはそれを聞かずに見せに行きました。

ゆいさん、今ななみさんは先生と話をしているの分かるよね？

ななみさん、何の話をしてるの？見て。これ、私（わたし）がかいたの！

ゆい

早くななみさんに見せたかっただけなのに。でも先生おこってる。何でかな？困（こま）った……

考えて
みよう!

どうしてゆいさんは
困っているか
考えてみよう

「困った……だって

_____

_____

なんだもん」

❓ ゆいさんが次から困らないようにするには、どうしたらよいかを
いっしょに考えてあげましょう。

ヒント

●先生とお友達が大切なお話をしているときに、話しかけてもい
いのかな?
●だれかに話しかけるときは、何に気をつけたらいいかな?

まどか先生

>>> ゆいさんは、今は話しかけてはいけないと分かりました。そしてななみさんに言いました。

ななみさん、今は大切なお話の途中(とちゅう)ね。あとにするね。

ゆい

田中先生

分かってくれてありがとうね。もう少しでお話が終わるから、教室でななみさんを待っててあげてね。

はい、分かりました！

まどか先生からのアドバイス

　ななみさんと先生は何か大切な話をしていたようです。ななみさんは泣(な)きそうな顔をしていたので、きっといけないことをして先生に注意されていたのかもしれませんね。そんなときに、ゆいさんは自分がかいた絵をななみさんに見せに行こうとしたんだね。ななみさんや先生はどんな気持ちだったかな。きっとびっくりしたと思うし、何で今なの？っていう気持ちだったかもしれないね。これからはだれかに話しかけるときは、今、どんな気持ちなのかを考えてみようね。では、次は本を読んでいる他のみんなからの質問(しつもん)です。あなたもいっしょに考えてみましょう。

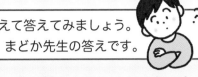

みんなからの **質問** コーナーです。　あなたも考えて答えてみましょう。
（　　）は、まどか先生の答えです。

質問 みんなは、友達どうしの話の途中に入っていやな顔をされたことはありますか？

（先生もよくありました。もっと空気を読めと言われたこともあります。）

質問 話に入っていいか、ダメなのかどうしたら分かりますか？

（先生は、話している人の顔を見て、今、どんな気持ちかを考えます。）

質問 話に入りたいときはなんて言えばいいですか？

（今、ちょっといい？とか聞いてみます。）

>>> いろいろな答えがあったよね。では最後にコグトレ先生からのアドバイスだよ。

ここの まとめ

コグトレ
先生

　ある友達と話をしたいときに、その友達がだれかと話をしていると、話しかけにくいことがあります。そのときは、いくつか方法があります。
●話が終わるのを待っている
●さりげなく何について話しているかを聞いてみて、自分も入っていいか考える
●近くの友達に「今、話しかけてもいいと思う？」と聞いてみる
●2人の表情を見て、悲しそうなときや真剣そうなときはやめておく
などがあります。しかし急いでいて、どうしても話さないといけないときは「話しているところ、ごめんね。ちょっといい？」と聞いてみるといいでしょう。

➡次は、れんさんがサプライズをばらしてしまうところだよ。

ここで学ぶこと ▶▶▶ 状況から人の気持ちを考える

出来事 サプライズをしようとしている

>>> 今日はれんさんとゆいさんは家族でおしゃれなレストランに来ました。となりのテーブルでは、男の人と女の人が2人でワインを飲んでいます。男の人はいすの後ろにプレゼントをかくしていました。

お誕生日
おめでとう。

ありがとう。

実は、急な仕事が入ってプレゼントは用意できなかったんだ、ごめんね。

>>> それを見たれんさんは言いました。

ウソだ。プレゼント後ろにもってるよ。

れん

>>> その言葉が聞こえた男の人は苦笑いしています。

れん、そんなこと言っちゃダメでしょう。

ゆい

お母さん

そうよ……れん……

えーっ……（どうしてダメなの?困った!）

考えてみよう!

「困った……だって

なんだもん」

どうしてれんさんは困っているか考えてみよう

❓ れんさんが次から困らないようにするには、どうしたらよいかをいっしょに考えてあげましょう。

●男の人は、どんな気持ちでウソをついたのかな?
●サプライズをばらされたら、男の人はどんな気持ちになるかな?

ヒント

まどか先生

>>> 1か月後、お父さんの誕生日に、家族でレストランに来ました。

れんさんとゆいさんは、サプライズでお父さんにメッセージカードを書いたみたいです。

じゃーん、これ、サプライズで書いたんだ。

わ！！ありがとう！びっくりしたよ、うれしいな。

お父さん

サプライズって楽しいな。ひみつにしておくことが大事なんだなあ。

まどか先生からの
アドバイス

　サプライズって、する方はとてもドキドキするし、された方もびっくりするけど、とってもうれしいよね。でも、れんさんは男の人がどのような気持ちでウソをついているか分かりませんでした。だから「ウソだ」って言ったんだね。これは男の人の顔を見ただけでは分からないよね。なぜいすの後ろにプレゼントをかくしているのかを考えてみたらよかったね。

　では、次は本を読んでいる他のみんなからの質問です。あなたもいっしょに考えてみましょう。

みんなからの → **質問** コーナーです。

あなたも考えて答えてみましょう。
（　　）は、まどか先生の答えです。

質問 みんなはサプライズをしたことはありますか？

（先生は引っこす友達に、帰りの会でみんなで歌と寄せ書きをプレゼントしました。）

質問 サプライズをされたことはありますか？

（実はありません……されてみたいですね。）

質問 どんなサプライズをしてみたい、されてみたいですか？

（目が覚めると、ハワイなんていいですね。そんな人いないかな……）

>>> いろいろな答えがあったよね。では最後にコグトレ先生からのアドバイスだよ。

ここの まとめ

コグトレ
先生

　相手は今、どんな気持ちになっているのかを知りたいとき、相手の表情だけでは分からないときがあります。そんなときは、相手の状況を見ると分かることがあります。今回の例ですと、後ろにプレゼントをかくしている男の人が「プレゼントが用意できなかった」と女の人にウソを言う状況です。その人の気持ちが分かるには表情だけでなく、それ以外のところもしっかり見る必要がありますね。

➡次は、ゆいさんの近所の子が泣いているところだよ。

ここで学ぶこと ▶▶▶ 人の気持ちの理由を考える

出来事 近所の子が泣いている

>>> ゆいさんは放課後、いつもの公園で友達のまみさんと遊んでいます。すると女の子が1人で泣いています。ゆいさんの近所に住んでいる女の子のようです。

まみ

> ねえねえ、あそこに1人で泣いている子がいるわ。どうしたんだろう。

> あ、あの子、私の近所に住んでいるさっちゃんだわ。いつもお兄ちゃんといっしょなのよ。

ゆい

さっちゃん

おまわりさん

> おまわりさんが来たわ。でもまだ泣いてる。ゆいさん、知ってるんだったら言ってあげた方がよくない？

> えー、私が？どうして？
> （困った……）

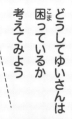

どうしてゆいさんは
困っているか
考えてみよう

考えて
みよう!

「困った……だって

_____

_____

なんだもん」

❓ ゆいさんが次から困らないようにするには、どうしたらよいかを
いっしょに考えてあげましょう。

ヒント

● 1人で泣いている子はどんな気持ちかな？
● ゆいさんはおまわりさんになんて言えばよかったのかな？

まどか先生

㉝

>>> ゆいさんはおまわりさんのところへ行きました。

この子、私のおうちの近所に住んでいるの。いつもお兄ちゃんといっしょにいるからはぐれちゃったんだと思う。

そうなんだね。教えてくれてありがとう。

あっ、あそこにお兄ちゃんがいる。青いぼうしの子です。

サッカーをしている子だね。協力してくれて助かったよ。ありがとう！

まどか先生からのアドバイス

迷子になったときってすごくこわいよね。女の子は1人で迷子になってしまったけど、おまわりさんとうまく話せなくて、余計に泣いちゃったんだね。ゆいさんは知っている女の子が泣いていて悲しい気持ちになっているのは分かっていたけど、なぜ悲しい気持ちになっていたかに気づきませんでした。悲しい気持ちになった理由を考えてあげればよかったね。では、次は本を読んでいる他のみんなからの質問です。あなたもいっしょに考えてみましょう。

みんなからの **質問** コーナーです。 あなたも考えて答えてみましょう。
（　　）は、まどか先生の答えです。

質問 みんなは迷子になってこわい気持ちになったことはありますか？

（先生もありました。大きなスーパーで迷子になったときは、とてもこわくて
泣いてしまいました。）

質問 迷子になったときどうしましたか？

（先生が迷子になったときは、近くにいたお姉さんが迷子センターに連れて行っ
てくれました。）

質問 迷子の子を見つけたらどうしますか？

（迷子センターに連れて行ったり、なければしばらくいっしょにいてあげるこ
ともできますね。）

>>> いろいろな答えがあったよね。では最後にコグトレ先生からのアドバイスだよ。

ここの まとめ

　　だれかが泣いていると、悲しい気持ちだというのは分かると思います。
ときどき "うれしなみだ" というのもありますが、やはり悲しいときの方
が多いでしょう。そのときは、"悲しいんだな" と気持ちが分かるだけでな
く、"何があったのかな？"、"どうなりたいのかな？" と、悲しい気持ちに
なった理由を考えてあげることが大切ですね。

コグトレ
先生

➡次は、れんさんがおこられているところだよ。

ここで学ぶこと ▶▶▶ タイミングから人の気持ちを考える

出来事　弟がおこられている

>>>　夏休みが始まってゲームばかりしているれんさんに、お母さんがおこっています。お母さんはゲームを取り上げました。すると、れんさんはおこりだしました。

> れん、もうやめるって言ったよね。約束やぶったからゲーム取り上げるね。

お母さん

> 他の子はみんなもっと長くしてるのに。

れん

> れんが約束やぶったからでしょ。私は昨日の続きのゲームしよっと。

ゆい

>>>　それを聞いたお母さんとれんさんは、余計におこりました。

> ゆい、なんで今れんの前でそんなこと言うの！

> どうしてそんなにおこるの。困った……

考えて
みよう！

「困った……だって

────────────────────

────────────────────

なんだもん」

どうしてゆいさんは
困っているか
考えてみよう

❓ ゆいさんが次から困らないようにするには、どうしたらよいかを
いっしょに考えてあげましょう。

────────────────────────────────

────────────────────────────────

────────────────────────────────

────────────────────────────────

● ゲームができないれんさんは、どんな気持ちだったのかな？

● お母さんはどんな気持ちだったのかな？

まどか先生

㊲

>>> ゆいさんはれんさんに言いました。

れんがゲームできないときに、私がゲームをすると、れんはつらい気持ちになるね。私もいっしょにがまんするわ。

うん……え……ゆいは約束守ったからゲームやっていいよ。

でも2人でいっしょにしたいから。これからはちゃんと約束守ろうね。

うん、ありがとう。ちゃんと守るね。

まどか先生からの
アドバイス

　ゲームって、ついつい時間を忘れてたくさんしちゃうよね。れんさんも、お母さんと約束した時間をすっかり忘れてゲームをしてしまったんだね。そしてお母さんに注意されておこってしまったれんさんは、ゆいさんの言葉でもっといやな気持ちになってしまったんだね。ゆいさんの言ったことは、正しかったけど、タイミングがよくなかったね。

　では、次は本を読んでいる他のみんなからの質問です。あなたもいっしょに考えてみましょう。

みんなからの 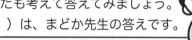 コーナーです。 あなたも考えて答えてみましょう。
（　　）は、まどか先生の答えです。

質問 みんなは一日にどのくらいゲームをしますか？

（先生は、家に帰って、ゲームを1時間くらいしていました。）

質問 ゲームをするとき、おうちの人と何か約束をしていますか？

（先生は、宿題と明日の用意が終わったらゲームをしてもいいという約束でした。）

質問 みんなはその約束を守れていますか？

（なかなか難しいよね。先生もよく宿題をする前にゲームをしてしまっていました。）

>>> いろいろな答えがあったよね。では最後にコグトレ先生からのアドバイスだよ。

ここの まとめ

コグトレ
先生

人が注意されているときに、その人はどんな気持ちになっていると思いますか？悲しくなったり、逆におこったり、という気持ちになっていると思います。そういったときは周りの人はどうしたらいいでしょうか。いくら正しいことでも言うタイミングが悪ければ、その人をさらに悲しい気持ちにさせたり、さらにおこらせたりすることになります。

➡次は、ゆいさんがなぐさめられているところだよ。

ここで学ぶこと ▶▶▶ 聞く人の気持ちを考える

出来事　姉がなぐさめられている

>>> まだ夏休みです。れんさんは友達（ともだち）と外で遊んでいて、帰ってきました。楽しいことがあったので、れんさんは、お母さんに早くそのことを話したくてたまりません。

ただいま〜！

れん

>>> 家から返事がありません。リビングに行くと、ゆいさんとお母さんがいました。

ぐすん……

ゆい　お母さん

よしよし、つらかったね。

ただいま！

ねえ、聞いて聞いて、今日ね。

あら、れん。気づかなくてごめんね、おかえり。

ごめん。れん、今はゆいと話してるからあとで聞くね。

なんでぼくの話を聞いてくれないの！ぼくのこときらいなんだ！

どうして分からないの！

えっ……なんでお母さんはおこっているの？（困（こま）った！）

? れんさんが次から困らないようにするには、どうしたらよいかをいっしょに考えてあげましょう。

● だれかをなぐさめているときに、関係のない話をしたらどう思うかな？
● れんさんはお母さんになんて言えばよかったかな？

まどか先生

㊶

>>> れんさんはゆいさんとお母さんの気持ちが分かりました。

あ、今はよくないね。ゆいのお話が終わるまでテレビ見てるね。

れんはやさしいね。ありがとう。あとでたくさん楽しいお話聞かせてね。

うん！

まどか先生からの
アドバイス

　楽しい話って早くだれかに聞いてほしくなるよね。そのときに、話しかける相手が今、どんな気持ちか、話しかけてもいいか、みんなは考えているかな?れんさんは、早く話を聞いてもらいたいと思って、聞いてくれなかったお母さんにおこってしまったよね。でも自分が、もしお母さんだったら、もしゆいさんだったら、と聞く人の気持ちを考えられるとよかったね。

　では、次は本を読んでいる他のみんなからの質問です。あなたもいっしょに考えてみましょう。

みんなからの 質問 コーナーです。

あなたも考えて答えてみましょう。
（　　）は、まどか先生の答えです。

質問 みんなはお話を聞いてもらえないとき、どうしますか？

（先生は、相手の用事が終わるまで、他のことをして待ちます。）

質問 他の人と話している時に、話しかけられたらどうしますか？

（先生なら、ちょっとお話が終わるまで、待っていてもらいます。）

質問 終わるのを待っている間、なにができると思いますか？

（テレビを見たりゲームをしたりするのもいいけど、宿題を終わらせておくと
とてもいいと思います。）

>>> いろいろな答えがあったよね。では最後にコグトレ先生からのアドバイスだよ。

ここの まとめ

コグトレ
先生

　だれかと大切な話をしているときに、他のだれかが急に話に入ってきた
らどう思いますか。もちろん、その人も大切だけど、"少し待って" という
気持ちになると思います。だれかに話しかけるときは、今、話しかけても
いいか、相手の気持ちをよく考えてみることが大切です。

➡次は、気持ちをペットボトルを使って表す授業だよ。

ここで学ぶこと ▶▶▶ 自分の気持ちに気がつく

出来事　感情（かんじょう）のペットボトル

>>> 　夏休みが終わり、2学期が始まりました。山本先生が水の入った500mLのペットボトルを持ってきました。1つだけ2Lの大きさのペットボトルがあります。"いかり" です。

ここに、"うれしい"、"いかり"、"さびしい"、"きらい"、"かなしい"、"こわい" の気持ちをはったペットボトルがあります。
それをこのリュックに入れます。じゃあ先生のお手伝いをしてくれる人ー！

山本先生

※"うれしい" 気持ちは
しんどくないから、
"空（から）" にしています。

かずま

はーい！

ありがとう。じゃあ、
かずまさん、このリュックをかついでみて。

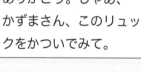

う、重い……

そうだよね。気持ちを出さずにためこむことはこんなにしんどいことなんだよ。じゃあ次は、1本ずつ感情（かんじょう）を出していくとどうなるかな？

軽くなってきた！

感情（かんじょう）を出すというのは楽になることだよ。じゃあ次は "いかり" を出すよ。

すごく楽になったよ！

"いかり" の気持ちは一番しんどいからね。だから外に出さなくっちゃ。でも "いかり" を出すときに、そのペットボトルを相手に投げつけたらどうなるかな。れんさん、分かる？

れん

うーん……
（どうなるだろう
……困った！）

どうしてれんさんは
困っているか
考えてみよう

考えて
みよう！

「困った……だって

＿＿＿＿＿＿＿＿＿＿

＿＿＿＿＿＿＿＿＿＿

なんだもん」

? れんさんが次から困らないようにするには、どうしたらよいかをいっしょに考えてあげましょう。

ヒント

- 2Lの "いかり" の重さって、どのくらいだと思う？
- ほかの子から "いかり" をぶつけられたらどんな気持ちになるかな？

まどか先生

4月 5月 6月 7月 8月 9月 10月 11月 12月 1月 2月 3月

45

>>> れんさんは、“いかり”の2Lのペットボトルを持ってみました。

あ、そっか。こんなに重い“いかり”をだれかにぶつけたら大変だ。

そうだよね。けがするよね。“いかり”をためこむのはいけないけど、出し方も考えなきゃね。

分かった。そっと先生にわたすよ。

そうだね。大人にわたすのがいいよね。大人ならしっかりと受け止めてくれるからね。

まどか先生からのアドバイス

　山本先生は感情のペットボトルを使って、みんなに感情をためこむことはよくないことを教えてくれたんだね。そして少しずつ出すことで楽になっていくことも分かったね。でも気持ちを出すのは大切だけど、その出し方がよくなかったらどうなるかな。それを先生はれんさんに聞いたんだね。みんなはどう思った？危ない出し方をするとだれかがけがをすることもあるから、出し方も気をつけないといけないよね。

　では、次は本を読んでいる他のみんなからの質問です。あなたもいっしょに考えてみましょう。

みんなからの **質問** コーナーです。

あなたも考えて答えてみましょう。
（　　）は、まどか先生の答えです。

質問 みんなは気持ちをためこんでしまうことありますか？

（先生も、おこってもがまんしてしまうことが多かったです。）

質問 気持ちをためこまないようにするにはどうしたらいいでしょうか？

（先生はいつもだれかに聞いてもらっていました。）

質問 気持ちをためこんでしまうとどうなりますか？

（だんだんとしんどくなって、泣きたくなりました。）

>>> いろいろな答えがあったよね。では最後にコグトレ先生からのアドバイスだよ。

ここの まとめ

コグトレ
先生

　人にはいろんな感情があります。楽しい気持ちだけでなく、悲しい、さみしい、腹が立つ、こわい、などです。これらの感情があるのはふつうですが、"悲しい" や "腹が立つ" などの気持ちがずっと心の中にあると、どんどんしんどくなって、勉強もできなかったり、親や友達とトラブルになったりします。感情のペットボトルはそれを身体で感じることができます。みなさんも作ってかついでみましょう。それで気持ちを出すと楽になることを感じてくださいね。

➡次は、ワークシートを使って気持ちをコントロールする授業だよ。

ここで学ぶこと ▶▶▶ いかりの気持ちを減らす

出来事 ちがった考えをしようシートを使う①

>>> 道徳の時間です。山本先生はシートを使って気持ちのトレーニングを始めるようです。

今から「ちがった考え方をしようシート」を配ります。その紙に、この1週間をふり返っていやな気持ちになったことについて、いつ・何があって、どうしたか・どう思ったか、どんないやな気持ちか、そしてその気持ちが何%だったかを書いてみましょう。0はいやな気持ちがゼロ、100%はもう限界の意味です。

山本先生

れん

いやなことか……あ、あった。書いてみよう。

れんさんが書いた例

＜いつ・何があった？＞	＜どうした？ どう思った？＞	＜気持ち＞	＜％＞
先週の金曜日、Aくんとすれちがったとき、あいさつしたのに返事がなかった。	ぼくのことがきらいでわざと無視したと思った。	いかり	90

じゃあ、次にそのいやな気持ちを下げる方法を3つ考えてみて。

うーん……（困った！）

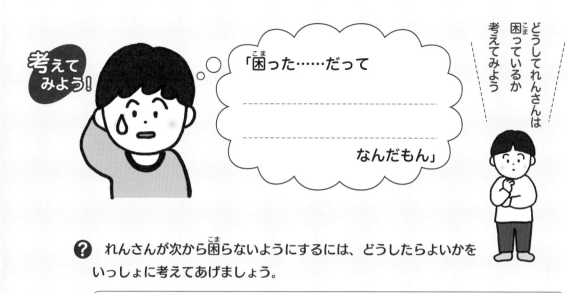

考えて
みよう！

どうしてれんさんは
困っているか
考えてみよう

「困った……だって

_____

_____

なんだもん」

❓ れんさんが次から困らないようにするには、どうしたらよいかを
いっしょに考えてあげましょう。

ヒント

● A くんは本当にれんさんのことを無視したのかな？

● 無視していないとしたらどんなことが考えられるかな？

まどか先生

>>> そこで、れんさんはいろいろと考えてシートに書いてみました。

れんさんが書いた例

	＜ちがった考えをしよう＞	＜気持ち＞	＜％＞	＜感想＞
1	今度、ぼくも無視しよう。	いかり	90	ぜんぜん減らない。
2	もう忘れて、他に楽しいことを考えよう。	いかり	60	でもまた思い出してしまう。
3	ぼくの声が小さくてAくんに聞こえていなかったのかもしれない。	いかり	10	それなら仕方ない。ぼくもあるかも。

あ、1とか2の考え方だったら、ぜんぜんいかりが減らなかったけど、3の "ぼくの声が小さくてAくんに聞こえてなかったのかもしれない" って考えたらいかりが減った！

うんうん。そう考えるとわざと無視したんじゃないから仕方ないよね。

なんだかむかむかしてた気持ちが落ち着いた！

山本先生

まどか先生からのアドバイス

　れんさんは、Aくんにあいさつしたのに返事をしてくれなかったから、「ぼくのことがきらいなんだ」と感じていやな気持ちになったんだね。そういうことはよくあるよね。いつもだったらそのままいやな気持ちが続いていたけど、この「ちがった考えをしようシート」を使って、ちがう考え方をしてみたら、実は自分の声が小さくてAくんに聞こえてなかったのかもしれないって考えてみると、いかりの気持ちが減ったんだね。では、次は本を読んでいる他のみんなからの質問です。あなたもいっしょに考えてみましょう。

みんなからの　質問　コーナーです。　　あなたも考えて答えてみましょう。
（　）は、まどか先生の答えです。

質問　みんなは腹が立ったときはどうしていますか？

（先生は、好きな音楽を聞いて気分転換します。）

質問　ずっといやな気持ちがなくならないときはどうしていますか？

（先生は、自分にも悪かったことはなかったか考えてみます。）

質問　相手が悪いのに謝ることもありますか？

（先生は、自分が悪くなくてもとりあえず謝っておくこともあります。）

≫≫　いろいろな答えがあったよね。では最後にコグトレ先生からのアドバイスだよ。

ここの　まとめ

コグトレ
先生

　みなさんは何かいやなことがあったら、腹が立ったり、悲しくなったりしますね。そんな気持ちがずっと続けば毎日の生活も楽しくなくなりますね。これまでは人の気持ちを考える練習をしてきましたが、これから自分の気持ちをコントロールする練習をしていきましょう。そのために今回から「ちがった考えをしようシート」を使って４回練習していきます。

　次のページに「ちがった考えをしようシート」をつけておきますね。みなさんもコピーして使ってくださいね。

➡次は、ゆいさんがワークシートを使って気持ちをコントロールするところだよ。

ちがった考えをしようシート

>>> コピーして使ってください。

<いつ・何があった？>	<どうした？ どう思った？>	<気持ち>	<％>

	<ちがった考えをしよう>	<気持ち>	<％>	<感想>
1				
2				
3				

<いつ・何があった？>	<どうした？　　どう思った？>	<気持ち>	<％>

	<ちがった考えをしよう>	<気持ち>	<％>	<感想>
1				
2				
3				

ここで学ぶこと ▶▶▶ いかりの気持ちを減らす

出来事 ちがった考えをしようシートを使う②

>>> 道徳の時間です。ゆいさんのクラスもれんさんと同じシートを使っているようです。

では、先生が配ったシートにこの1週間をふり返っていやな気持ちになったことについて、いつ・何があって、どうしたか・どう思ったか、どんないやな気持ちか、そしてその気持ちが何%だったかを書いてみましょう。0はいやな気持ちがゼロ、100%はもう限界の意味です。

田中先生

>>> そこでゆいさんは、次のように書きました。

ゆいさんが書いた例

<いつ・何があった？>	<どうした？　　　どう思った？>	<気持ち>	<％>
まみさんとななみさんが遠くでこっちを見て笑っていた。	2人で私の悪口を言っていると思った。	いかり	90

では、次にどう考えたらその感情の強さを下げられるか3つ書いてみて。

うーん……
（困った！）

ゆい

考えて
みよう！

「困った……だって

なんだもん」

どうしてゆいさんは
困っているか
考えてみよう

❓ ゆいさんが次から困らないようにするには、どうしたらよいかを
いっしょに考えてあげましょう。

- まみさんとななみさんは本当にゆいさんの悪口を言っていた
  のかな？
- まみさんとななみさんを無視しようと考えたらどんな気持ち
  になるかな？

まどか先生

4 月
5 月
6 月
7 月
8 月
9 月

10 月

11 月
12 月
1 月
2 月
3 月

55

>>> そこで、ゆいさんはちがった考えを３つ考えてみました。

ゆいさんが書いた例（れい）

	＜ちがった考えをしよう＞	＜気持ち＞	＜％＞	＜感想＞
1	私（わたし）もまみさんとななみさんの悪口をだれかに言おう。	いかり	95	もっと腹（はら）が立ってきた。
2	私（わたし）が悪いことしたから仕方ない。	いかり	60	でも、悪口を言わなくていいのに。
3	もしかしたら私（わたし）の話じゃなかったのかもしれない。	いかり	5	それならおこっても仕方ない。

もしかしたら私（わたし）の話じゃなかったのかもしれないって考えたら、"いかり"が減（へ）ってきた。

ゆい

>>> 道徳（どうとく）の時間が終わって、まみさんがやってきました。

ゆいさん、この前、ななみさんと話してたんだけど、今度いっしょにおとまり会しよう。

えっ……うん！行きたい！

まみ

よかった！やっぱり悪口じゃなかった！

やったー！ゆいさんがいたら絶対（ぜったい）楽しいってななみさんと話してたの！

まどか先生からの **アドバイス**

　ゆいさんはまみさんとななみさんが何か話しているのを見て、自分の悪口と思ったんだね。そうやって不安（ふあん）になることはあるよね。でも実はちがいました。それなのに、悪口かもしれないと思って腹（はら）を立てていたらななみさんとまみさんに悪いよね。これから、何か腹（はら）が立つことがあったら、「もしかしたらちがうかも？」って考えるといいよね。
　では、次は本を読んでいる他のみんなからの質問（しつもん）です。あなたもいっしょに考えてみましょう。

みんなからの▶質問コーナーです。　あなたも考えて答えてみましょう。
（　　）は、まどか先生の答えです。

質問 みんなはだれかに自分の悪口を言われたことありますか？

（先生もだれかを注意した後に、かげで悪口を言われたことがあります。）

質問 みんなは悪口を言われているのかもって不安になったことはありますか？

（先生は今でも友達から言われているかもって思ってしまいます。）

質問 みんなは、自分の悪口と思っていたことがかんちがいだったことはありますか？

（先生は、よくありました。そんなときはみんなに疑ってごめんねって思いました。）

≫≫ いろいろな答えがあったよね。では最後にコグトレ先生からのアドバイスだよ。

ここの まとめ

コグトレ
先生

　自分の悪口を言われると腹が立ちますね。本当に悪口を聞いたらおこっても仕方ないと思います。しかし「悪口を言われている気がする」と思っておこると、損になることもあります。そう思う相手にやさしくできないからです。すると、相手もやさしくしてくれません。それで本当に仲が悪くなることもあります。ですので、「悪口かも？」と思ったときは、「ひょっとしたら自分のかんちがいかも？」と一度考えてみるといいでしょう。

➡次は、みんなでワークシートを使って気持ちをコントロールするところだよ。

ここで学ぶこと▶▶▶いやな気持ちを減らすいろんな考え方を知る

出来事 ちがった考えをしようシートを使う③

>>> れんさんのクラスの道徳の時間です。

> 今日は、また「ちがった考えをしようシート」を使って、先生が考えた、いやになった気持ちの架空の例を出しますので、みんなはどう考えたらその感情の強さを下げられるかを考えてみましょう。各班で話し合ってください。

山本先生

>>> 架空の例が各班に配られました。

架空の例

<いつ・何があった？>	<どうした？ どう思った？>	<気持ち>	<％>
みんなで集まって楽しそうに話してたから、ぼくも仲間に入りたいなって思って行ったら、みんなさーってにげた。	みんなぼくのことをさけてると思った。	悲しい	90

> じゃあ、どう考えたらその感情の強さを下げられるか班で考えて3つずつ出し合ってみましょう。

> それはないんじゃない？

れん

> この子が何か悪いことしたからじゃないかな？みんなに謝ればいいかも？

> そんなばかな。

> あ、分かった。この子に何かきたないものがついていたんだ。

> え……しまった。何かあるかな？（困った！）

> れんさん、人の意見はしっかり聞いてね。では、れんさんはどう思う？

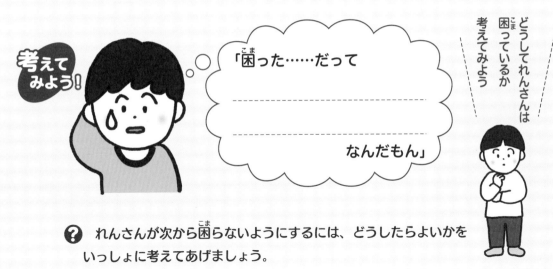

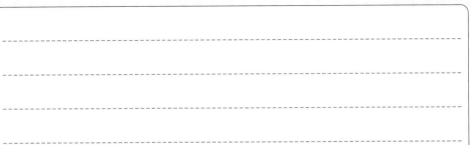

どうしてれんさんは
困っているか
考えてみよう

考えてみよう！

「困った……だって

──────────────────

──────────────────

なんだもん」

❓ れんさんが次から困らないようにするには、どうしたらよいかを
いっしょに考えてあげましょう。

──────────────────────────

──────────────────────────

──────────────────────────

──────────────────────────

ヒント

● みんなは、自分の意見をばかにされたらどんな気持ちになるか
な？
● みんなは、本当にこの子が来たから散らばったのかな？

まどか先生

>>>　れんさんは考えました。

> あ、もしかしてみんなはこの子をさけたんじゃなくて、たまたま散らばっただけじゃないかな。

れん

> それはどういうこと？

> かくれんぼとかしていて。それが始まったばっかりだったとか。

> あ、それならぼくもあるかも。さすがれんさんだね。ではそれも書いてみよう。

>>>　れんさんの班では、下のように書きました。

れんさんの班が書いた例

	＜ちがった考えをしよう＞	＜気持ち＞	＜％＞	＜感想＞
1	ぼくが悪いことをしたからだ。謝ろう。	悲しい	95	謝ったらみんな許してくれるかも。
2	ぼくに何かきたないものがついていたからだ。	悲しい	70	今度から気をつけよう。
3	ひょっとしてかくれんぼとかしていたのかも。	悲しい	10	それならぼくは関係ないよね。

まどか先生からのアドバイス

　みんなで考えるとアイデアが出やすいよね。みんなでいっぱいちがった考えを出すことが大切だよ。だから、れんさんのように他の人が何か意見を言ってもばかにしたりするのはよくなかったね。でも、れんさんは悲しい気持ちを大きく下げるいい考え方を思いついたからすごいね。

　では、次は本を読んでいる他のみんなからの質問です。あなたもいっしょに考えてみましょう。

みんなからの ▶ **質問** コーナーです。 あなたも考えて答えてみましょう。
（　　）は、まどか先生の答えです。

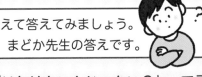

質問 みんなは意見を言ったとき、だれかから「それはないんじゃない？」って言われたことはありますか？

（先生もいつも言われていました。言われたら悲しかったです。）

質問 急にみんなが自分からにげていったことはありますか？

（先生もありました。でも、そのときはハチが先生の近くに来ていたからでした。）

質問 みんなは自分の意見をほめられたことはありますか？

（先生も自分の意見をほめられるとうれしかったです。）

⫸　いろいろな答えがあったよね。では最後にコグトレ先生からのアドバイスだよ。

ここの▶ まとめ

　今回はちがった考え方をみんなで出し合ってみました。１人で考えるよりみんなで考えた方がいろんな考え方ができていやな気持ちを下げるのに役に立ちます。そのとき気をつけないといけないのが、出てきた他の人の考えを笑ったり、ばかにしたりすることです。そうすると考えを出してくれた人はもう何も言いたくなくなるかもしれません。

コグトレ
先生

➡次も、みんなでワークシートを使って気持ちをコントロールするところだよ。

ここで学ぶこと ▶▶▶ 自分にとっていい方法を考える

出来事 ちがった考えをしようシートを使う④

>>> ゆいさんのクラスの道徳の時間です。

今日は、また「ちがった考えをしようシート」を使って、先生が考えた、いやになった気持ちの架空の例を出しますので、みんなはどう考えたらその感情の強さを下げられるかを考えてみましょう。各班で話し合ってください。

田中先生

>>> 架空の例が各班に配られました。

架空の例

＜いつ・何があった？＞	＜どうした？ どう思った？＞	＜気持ち＞	＜％＞
となりの子がかわいい筆箱をもっていたから、ちょっと貸してほしくてさわっていたら、返してよってすごくきつく言われた。	そんなきつく言わなくてもいいじゃないと思った。	いかり	80

じゃあ、どう考えたらその感情の強さを下げられるか、班で考えて3つずつ出し合ってみましょう。

そりゃ勝手にさわった方が悪いから、謝るのがいいかな。それに自分も大切なものをさわられたらおこるかも。

私もそれが正しいと思う。

でも私は、そこまできつく言わなくてもいいと思う。ばかじゃないかしらって思うわ。

ゆい

さくら

え、相手をばかって思うの？変じゃない？

そんなことないわ。私はそっちの方がすっきりする。

えー。変わってる。

え……さくらさんもまみ
さんも変わってる……
（困った！）

まみ

私もさくらさんと同じ気持ちだわ。

考えて
みよう！

どうしてゆいさんは
困っているか
考えてみよう

「困った……だって

＿＿＿＿＿＿＿＿＿＿＿＿＿＿＿

＿＿＿＿＿＿＿＿＿＿＿＿＿＿＿

なんだもん」

❓　ゆいさんが次から困らないようにするには、どうしたらよいかを
いっしょに考えてあげましょう。

＿＿＿＿＿＿＿＿＿＿＿＿＿＿＿＿＿＿＿＿＿＿＿＿＿＿＿

＿＿＿＿＿＿＿＿＿＿＿＿＿＿＿＿＿＿＿＿＿＿＿＿＿＿＿

＿＿＿＿＿＿＿＿＿＿＿＿＿＿＿＿＿＿＿＿＿＿＿＿＿＿＿

＿＿＿＿＿＿＿＿＿＿＿＿＿＿＿＿＿＿＿＿＿＿＿＿＿＿＿

●正しい考え方ってあるかな？
●いくら正しい考え方でもいやな気持ちが減らなかったらどう
　かな？

まどか先生

>>> ゆいさんは考えました。

いろんな考え方があるんだね。ゆりさんはどう？

私は忘れて、他に楽しいことを考えると、いかりの気持ちが下がるわ。

ゆり

ではみんなの考え方を書きましょう。

私はやっぱり、ばかじゃないかしらっていうのが一番下がるわ。

さくら

>>> ゆいさんの班では、下のように書きました。

ゆいさんの班が書いた例

	<ちがった考えをしよう>	<気持ち>	<％>	<感想>
1	そんなにおこらなくても。ばかじゃないかと思う。	いかり	30	いかりが減ってすっきりした。
2	さわった自分が悪いから謝る。	いかり	25	これからはさわっていいか聞いてみよう。
3	忘れて、楽しいことを考えよう。	いかり	25	いやな気持ちが減れば何でもいいね。

>>> これを見て田中先生が言いました。

いろんな考え方があって、その人にとって一番、いやな気持ちが下がる方法がいいと思います。正しい答えはありませんから、自分なりに一番いい考え方を使ってくださいね。

田中先生

まどか先生からのアドバイス

これは勉強ではないから、絶対に正しい答えってないんだよね。その人にとって一番、いやな気持ちが減る考え方が一番いいかもしれないね。そうでないと自分では使えないからね。ゆいさんはそのことに気がついたんだね。

では、次は本を読んでいる他のみんなからの質問です。あなたもいっしょに考えてみましょう。

みんなからの **質問** コーナーです。　あなたも考えて答えてみましょう。
（　　）は、まどか先生の答えです。

質問 みんなはどのくらいおこることがありますか？

（先生は子どものころ、友達とケンカしてよくおこっていました。）

質問 おこったとき、どんな方法が一番すっきりしますか？

（先生は、そのときによって変わりました。）

質問 いやな気持ちを減らすちがった考え方がすぐに出てきますか？

（先生はすぐに出てこないので、いつでも使えるように、ふだんからいろいろと準備しています。）

>>> いろいろな答えがあったよね。では最後にコグトレ先生からのアドバイスだよ。

ここの まとめ

コグトレ
先生

　いやな気持ちを下げるためにみんなにとって正しい答えはありません。その人が自分にとって一番いい方法が、その人にとっての正解になります。ですので、ある考え方が、ある人にはよくても、他の人にはよくないこともあります。大切なのは自分がいやな気持ちを減らしたいとき、簡単にすぐに使える考え方を用意しておくことです。そうすると、毎日楽しく過ごすことができるでしょう。

➡次は、友達のペットが死んだところだよ。

ここで学ぶこと ▶▶▶ 相手の立場になって気持ちを考える

出来事 ペットが死んだ友達

>>> れんさんの友達のけんたさんが朝から元気がないようです。

 れん

けんたさん、どうしたの？悲しそうだね……

けんた

実は、飼っていた犬のチョコが車にはねられて死んだんだ。昨日、おうちに帰ったらチョコがいなくなってて……

なんだ、そんなことか！犬が死んだくらいで落ちこまないでよ。

れんさんには言わなきゃよかったよ。

>>> そこにはるなさんが出てきました。

はるな

れんさん、ひどいよ。なんでそんなこと言うの。

え……けんたさんの気持ちが分かったから、元気づけようと思っただけなのに。困った……

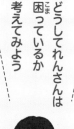

どうしてれんさんは
困っているか
考えてみよう

考えて
みよう！

「困った……だって

_____

_____

なんだもん」

❓ れんさんが次から困らないようにするには、どうしたらよいかを
いっしょに考えてあげましょう。

_____

_____

_____

ヒント

●けんたさんにとってチョコはどのくらい大切な存在だったの
かな？

●家族のように大切なものがなくなったらどんな気持ちになる
かな？

まどか先生

>>> れんさんは、けんたさんにとってチョコがとても大切な存在(そんざい)だったことに気づきました。

けんたさんにとってチョコは家族みたいな存在(そんざい)だったんだよね。

うん。そうだよ。弟みたいにかわいがっていたんだ。

そっか。そんなに大切な存在(そんざい)だったんだね。それだったらぼくだってたえられないよ。まだつらいのに、休まないで学校に来られてえらいよ。

ううん。泣(な)いてばっかりじゃチョコも悲しむから、もう泣(な)くのやめるね！

まどか先生からの
アドバイス

　れんさんはけんたさんの飼(か)っていた犬が死んで悲しんでいると思って、元気づけようと思って「犬が死んだくらいで落ちこまないでよ」って言ったんだよね。でも兄弟のいないけんたさんにとったら犬のチョコは、弟みたいな存在(そんざい)だったらどうだろう。れんさんもそれに気がついたんだね。相手の気持ちを考えるときに、相手の立場に立って考えないと分からないことがあるよね。では、次は本を読んでいる他のみんなからの質問(しつもん)です。あなたもいっしょに考えてみましょう。

みんなからの 質問 コーナーです。

あなたも考えて答えてみましょう。
（　　）は、まどか先生の答えです。

質問 みんなはペットを飼っていますか？

（先生は子どものころ、ハムスターを飼っていました。）

質問 ペットが死んで悲しい思いをしたことがありますか？

（先生は、ハムスターがイノシシに食べられて泣いたことがあります。先生の誕生日に買ってもらったハムスターだったから、とても悲しかったです。）

質問 ペットが死んで悲しいときはどうしましたか？

（先生は、友達に話を聞いてもらいました。もうそれからは、ペットは飼わないことにしました。）

>>> いろいろな答えがあったよね。では最後にコグトレ先生からのアドバイスだよ。

ここの まとめ

コグトレ
先生

　人の気持ちを考える練習は最初にやってきましたが、そこでは相手の表情や周りの人たちの表情、相手がやっていることから気持ちを考えていきました。今回からは、相手の立場に立って、相手の気持ちを考える練習をしていきます。最初は難しいかもしれませんが、ヒントは、自分がもし相手と同じ立場だったら、と考えると分かりやすくなります。今の例だと、もしあなたがけんたさんだとして、大切に飼っていたペットが突然死んだら？と考えてみるとけんたさんの気持ちが分かりやすいでしょう。

➡次は、転校生の気持ちを考えるところだよ。

ここで学ぶこと ▶▶▶ 相手の不安を想像して気持ちを考える

出来事 転校生の気持ちは？

>>> 今年ももう終わりに近づいてきました。そこにしおりさんが先週、遠い町から転校してきました。まだ学校に友達が1人もいないようです。

田中先生が、今度の遠足の班分けをするようにみんなに言いました。

では今から3人組を作ってください。

田中先生

>>> しおりさんは1人でぽつんとしています。

しおり

しおりさんって全然話さないよね。人と話すのがきらいなのかな？

ゆい

ねえ、ゆいさん、しおりさんを私たちのところに呼んであげる？

え……しおりさんはいやなんじゃない？

え、どうしてそんなこと言うの？

そう聞かれても……
（困った……）

考えてみよう!

どうしてゆいさんは困っているか考えてみよう

「困った……だって

なんだもん」

❓ ゆいさんが次から困らないようにするには、どうしたらよいかをいっしょに考えてあげましょう。

ヒント

●転校したばかりで1人でいるしおりさんはどんな気持ちかな?
●もしあなたがしおりさんの立場だったらなんて声をかけてほしいかな?

まどか先生

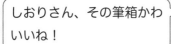 ゆいさんはしおりさんがどんな気持ちだったか分かりました。

しおりさん、その筆箱かわいいね！

ゆい

しおり

ほんとう！ありがとう！

ねえ、よかったら遠足の班いっしょにならない？

私でいいの？すごくうれしい！

まどか先生からの
アドバイス

　ゆいさんは転校したことがなくて、転校生の気持ちを考えるのが難しかったんだね。でも、転校生の立場になってみると、話しかけてくれたらすごくうれしいよね。知らないところに1人でいる、不安なしおりさんの気持ちにゆいさんは気づくことができました。自分が経験していないことを想像するのって難しいもんね。

　では、次は本を読んでいる他のみんなからの質問です。あなたもいっしょに考えてみましょう。

みんなからの 質問 コーナーです。 あなたも考えて答えてみましょう。
（　　）は、まどか先生の答えです。

質問 みんなは転校したことはありますか？

（先生は一度もありませんでした。）

質問 転校生に話しかけたことはありますか？

（先生はなかなか話しかけられませんでした。）

質問 話しかけるならなんて話しかけますか？

（持ち物や、好きな歌手の話など、いいかもしれませんね。）

>>> いろいろな答えがあったよね。では最後にコグトレ先生からのアドバイスだよ。

コグトレ
先生

ここの まとめ

　だれも知っている人がいないところに1人で入っていくことは不安だらけです。だれかと話したいけど、なんて話したらいいか分からないとか、無視されたらどうしようとか、そんな気持ちもあって、何も話さなくて無口になってしまうことがあります。そんなときにだれかから話かけてもらうととてもうれしく感じると思います。"何も話さないから話したくないのでは？" と考えるのではなく、その人の立場になって、"話しかけてもらうのを待っている" と考えてみましょう。

→次は、友達がけがで試合に出られなくなったところだよ。

ここで学ぶこと▶▶▶言う前に、相手の立場になってみる

出来事 **けがで試合に出られない友達**

>>> もうすぐ冬休みです。体育の授業はとび箱ですが、れんさんは足を痛めてしまったので見学をしています。友達のまことさんも見学をしています。

まことさんも見学なんだね。

れん　　まこと

そうなんだ。
実は昨日、遊んでたら指をけがしちゃって。

わあ……痛そうだね。

せっかく大会の選手に選ばれたのに。くやしいな。

どうして注意してなかったの？そんな大会があるんだったら遊ばなかったらよかったのに。

……

あれ？どうしたの？

ぼくの気持ちなんて分からないよね。もういい。

おこっちゃった……
（なにかだめなこと言ったかな。どうしよう。
困った……）

考えてみよう！

どうしてれんさんは困っているか考えてみよう

「困った……だって

＿＿＿＿＿＿＿＿＿＿＿＿＿＿＿＿＿＿＿

＿＿＿＿＿＿＿＿＿＿＿＿＿＿＿＿＿＿＿

　　　　　　　　なんだもん」

❓　れんさんが次から困らないようにするには、どうしたらよいかを
いっしょに考えてあげましょう。

ヒント

●けがで試合に出られないってどんな気持ちなのかな？

●れんさんはまことさんになんて声をかけたらよかったのかな？

まどか先生

>>> れんさんはまことさんの気持ちが分かったので言いました。

大会に選ばれたのに出られなくなったんだね。一番くやしいのはまことさんだよね。

れん

うん。分かってくれてありがとう。

まこと

早く治るように、ぼくもなにかできることがあったら手伝うよ。

ありがとう！次の大会までには絶対治してがんばる！

まどか先生からの
アドバイス

　れんさんは大会前にけがをしてしまったまことさんに、「注意してたら、けがせずにすんだのに」と思い、まことさんに言ったんだよね。でも、けがをして大会に出られなくなって一番くやしいのはまことさんだよね。そんなときに、れんさんの言葉で、まことさんは余計につらい気持ちになってしまったんだね。思ったことを言葉にする前に、これを言ったら相手はどう思うかなって考えられるようになるといいね。では、次は本を読んでいる他のみんなからの質問です。あなたもいっしょに考えてみましょう。

みんなからの 質問 コーナーです。　あなたも考えて答えてみましょう。
（　　）は、まどか先生の答えです。

質問 いまなにかがんばっていることはありますか？

（先生は、毎日ランニングするのをがんばっています。）

質問 そのときに、失敗や後悔していることはありますか？

（先生は、足をひねってしまいました。）

質問 友達になんて声をかけてもらえると、がんばれますか？

（あなたなら、乗りこえられる！ですかね。）

>>>　いろいろな答えがあったよね。では最後にコグトレ先生からのアドバイスだよ。

ここの まとめ

　　何か悲しそうな顔をしている相手に声をかけるとき、これを言うと相手はどんな気持ちがするだろうと考えてから言った方がいいことがあります。そんなときは相手の表情だけではなかなか分かりません。そんなときは、今、相手がなぜ悲しい気持ちになっているのかを確かめて、もし自分がその立場ならどんな気持ちなのかを想像してみるといいでしょう。

コグトレ
先生

➡次は、ゆいさんが友達の親のことを聞かされたところだよ。

ここで学ぶこと ▶▶▶ しっかりと話を聞いて気持ちを考える

出来事　親のことを聞かされて

>>> 冬休みが終わり、3学期が始まりました。放課後、ゆいさんと友達のかよさんは公園で遊んでいます。外は暗くなり、そろそろ帰らないといけない時間のようです。

ゆい：もう帰らなきゃね。

かよ：はあ〜帰りたくないな……

ゆい：どうして？

>>> かよさんは悲しそうな顔になりました。

ゆい：おうちで勉強を毎日がんばればいいでしょ。最近遊んでばっかりだったんじゃない？

かよ：お母さんがいつも勉強勉強って言うし、お母さんとお父さんも最近けんかが多いんだ。どうすればいいんだろう……

ゆい：あとお母さんとお父さんがけんかしてたら、けんかはやめてって言えばいいし、簡単なことだよ！

かよ：……

かよ：やっぱりいい、帰ろう。

ゆい：あれ、どうしたの、急に……困った……

考えて
みよう!

「困った……だって

なんだもん」

? ゆいさんが次から困らないようにするには、どうしたらよいかを
いっしょに考えてあげましょう。

- かよさんはゆいさんの話を聞いているとき、どんな気持ちだっ
  たのかな?
- かよさんの親のことを聞かされたとき、どんなことに気をつけ
  たらいいのかな?

まどか先生

>>> 　ゆいさんはかよさんがどんな気持ちだったか分かりました。

毎日、勉強勉強って言われるんだ……それにお父さんとお母さん、けんかばっかりなんだね。そりゃ、かよさんはいやな気持ちになるよね。

ゆい

かよ

うん……そうなの。

それだったら家に帰りたくないよね。かよさん大変だね……

でも、話を聞いてくれるだけで少し気持ちが楽になったよ。ありがとう。

まどか先生からのアドバイス

　おうちのことって、それぞれちがうから、難しいよね。ゆいさんはかよさんの話を聞いてアドバイスしました。でも、かよさんの家の様子をぜんぜん考えずにしゃべり続けてしまったので、かよさんはもういいと思ってしまったんですね。自分の話をするよりも、まずはしっかり相手のことを考えて、相手の気持ちや話を聞けるようになれたらいいよね。

　では、次は本を読んでいる他のみんなからの質問です。あなたもいっしょに考えてみましょう。

みんなからの ▶ 質問 コーナーです。 あなたも考えて答えてみましょう。
（　　　）は、まどか先生の答えです。

質問 みんなは、おうちのことでなやんだことはありますか？

（あります。お母さんが仕事をしていたので、帰ってくるのがおそくて、さみしい気持ちになりました。）

質問 友達に相談したときに、どんなふうに話を聞いてほしいですか？

（先生は、真剣に聞いてくれるだけでうれしく思います。）

質問 逆に、いやな気持ちになる話の聞き方はどんな様子ですか？

（なにか他のことをしていたら、聞いてくれてないなって感じます。）

≫≫≫ いろいろな答えがあったよね。では最後にコグトレ先生からのアドバイスだよ。

ここの まとめ

　友達の話には、とても大切な話があることがあります。その中で家族のことはとても大切です。両親の仲が悪い、いつもたたかれている、ごはんがないときがある、どなってくる、などなかなか言えないこともあります。友達が家族のことで困っている、といった話になったら、まずはしっかり聞いて相手の気持ちを理解してあげましょう。

コグトレ
先生

➡次は、ゆいさんが、友達からなやみを相談されるところだよ。

ここで学ぶこと ▶▶▶ あなたが悪いと言わずに聞いてあげる

出来事 仲直り(なか)の相談をされるが……

>>> ゆいさんはお友達(ともだち)のゆみさんとさくらさんが2月になって話をしていないことに気づきました。

最近(さいきん)さくらさんといっしょにいないね。

ゆい

実はあすかさんからさくらさんにイタズラしようって言われて、ついやってしまったの。あすかさんにきらわれたくなくって。そしたらさくらさんが「ゆみさんのこと信じてたのに」って、口をきいてくれないの。

ゆみ

それでなのね。

さくらさんは大切な友達(ともだち)なのに。ねえ、ゆいさん、どうしたらいいと思う？

そりゃゆみさん、あなたが悪いよ。ありえないよ。私(わたし)、ゆみさんがそんな人とは思わなかったわ。

……

ますます落ちこんじゃったみたい……どうしよう……困(こま)った！

考えて
みよう！

「困った……だって

_____

_____

なんだもん」

どうしてゆいさんは
困っているか
考えてみよう

❓ ゆいさんが次から困らないようにするには、どうしたらよいかを
いっしょに考えてあげましょう。

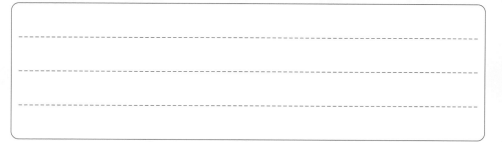

ヒント

- ゆみさんはゆいさんに相談したとき、すでにどんな気持ちになっていたのかな？
- もしあなたがゆみさんの立場なら、ゆいさんになんて言ってほしかったかな？

まどか先生

4
月

5
月

6
月

7
月

8
月

9
月

10
月

11
月

12
月

1
月

2
月

3
月

83

>>> ゆいさんはゆみさんの本当の気持ちが分かりました。

ゆみさんも悲しい思いをしたんだね。本当はゆみさんもイタズラしたくなかったもんね。

そうなの。分かってくれてありがとう。

これからどうする？

やっぱりさくらさんに正直に話して、傷つけたことをちゃんと謝った方がいいよね？

うん、私もそう思う。勇気いるけどやってみる？

分かった。ありがとう。そうする。さくらさんにきちんと謝ってみるね。

まどか先生からのアドバイス

　ゆいさんはゆみさんから、さくらさんにしたイタズラのことでさくらさんがおこってしまったけど、どうしよう、と相談を受けたんだよね。ゆみさんもすでに悲しい気持ちになっていると思うよ。でもゆいさんは、それは「ゆみさんが悪いよ」と言ってしまい、ゆみさんはますます悲しい気持ちになったんだね。そんなときはまず、ゆみさんの悲しい気持ちも聞いてあげることが大切だよね。

　では、次は本を読んでいる他のみんなからの質問です。あなたもいっしょに考えてみましょう。

みんなからの 質問 コーナーです。 あなたも考えて答えてみましょう。
（　　）は、まどか先生の答えです。

質問 みんなは友達から相談されたことはありますか？

（先生も、友達関係のことでラインとかでよく相談されました。）

質問 相談されたとき、なんて答えたらいいでしょうか？

（いきなりアドバイスをせずに、まず最後まで聞いてあげるといいと思います。）

質問 難しい相談だったらどうしたらいいでしょうか？

（そんなときは、1人で考えず、先生や親とかにも相談した方がいいですね。）

>>> いろいろな答えがあったよね。では最後にコグトレ先生からのアドバイスだよ。

ここの まとめ

　もしあなたが、困ったことをだれかに相談したときに、いきなり「それはあなたが悪い」って言われて逆にしかられたらどう思うでしょうか？次からはもうその人に相談したくなくなりますね。相談したい人は、自分もつらい気持ちになっていることが多いので、まずは「大変だったね」と声をかけてあげ、しっかり最後まで相手の話を聞いてあげることがポイントです。最初は難しいかもしれないけど、少しずつ練習していきましょう。

コグトレ
先生

➡次は、お母さんをたたいてしまった友達がれんさんに相談するところだよ。

ここで学ぶこと ▶▶▶ だめと言わずに聞いてあげる

 出来事 **お母さんをたたいてしまった**

>>> 学校の帰り道、れんさんとだいきさんはいっしょに帰っています。だいきさんは朝から元気がありませんでした。そしてだいきさんがボソボソと相談してきました。

だいき

> ねえ、聞いてくれる？昨日（きのう）さあ、家でゲームしていたら、お母さんから"またゲームばっかりして、勉強しなさい"ってゲームを急に取り上げられたから、ムカついてお母さんたたいたの。そしたらお母さん泣（な）いちゃって。

> それはだいきさんが悪いよ。親をたたくなんて。暴力（ぼうりょく）はいけないって先生も言ってるじゃない。

れん

> やっぱりそうだよね……

> もっと元気がなくなっちゃった……どうしよう……困（こま）った！

考えてみよう！

「困（こま）った……だって

_____

_____

なんだもん」

どうしてれんさんは困（こま）っているか考えてみよう

❓ れんさんが次から困らないようにするには、どうしたらよいかを いっしょに考えてあげましょう。

- だいきさんはどんな気持ちでれんさんに相談したと思う?
- 相談したのに責められるとどんな気持ちになるかな?

まどか先生

>>> れんさんは、だいきさんに言いました。

そっか、いきなりゲームを取られたら腹が立つよね。ぼくもきっとそうなると思うよ。

れん

やっぱり？

だいき

仕方ないよ。それで、だいきさんは今、お母さんにどんな気持ちなの？

うん……悪いことしたなって気持ち。やっぱり暴力はよくないよね。でもゲームもしたいし。

そうだよね。暴力はよくないよね。次からどうする？

うん……どうしようかな。

まどか先生からの
アドバイス

だいきさんはお母さんからゲームを無理やり取られて腹が立ったんだね。それでお母さんをたたいてしまったけど、だいきさんは元気がなかったということは悪いことしたなって思っていたかもしれないね。だいきさんも暴力がいけないって分かっていたから、れんさんにも気持ちを聞いてほしかったんだね。でもれんさんは"だいきさんが悪い"とだいきさんをさらに責めました。だからだいきさんはもっと元気がなくなったんだね。

では、次は本を読んでいる他のみんなからの質問です。あなたもいっしょに考えてみましょう。

みんなからの **質問** コーナーです。 あなたも考えて答えてみましょう。
（　　）は、まどか先生の答えです。

質問 みんなは親とケンカしてたたいたことはありますか？

（先生は、勉強しなさいって言われて、腹が立って物を投げたことがあります。）

質問 みんなは親を泣かしたことがありますか？

（親は泣かなかったけど、悲しそうな顔をしていました。）

質問 ゲームをやっているときに勉強しなさいって言われたら、どうしたらいいですか？

（一度家族とゲームをやる時間を話し合って、ルールを決めるといいですね。）

>>> いろいろな答えがあったよね。では最後にコグトレ先生からのアドバイスだよ。

ここの まとめ

　　自分のやったことをすでに悪いと思っていて、「こんなことをしてしまった」と友達に相談することがあります。そんなときは、「それはだめだよ」と言うと相手はどんな気持ちになるでしょうか。みなさんも悪いことをしてもう反省しているときに、友達から「それはだめだよ」と言われると、もっとつらい気持ちになると思います。それよりも、同じようなことがあったら次からどうするかをいっしょに考えてあげましょう。

コグトレ
先生

➡次は、テストでいい点を取れなかった友達が相談してくるところだよ。

ここで学ぶこと ▶▶▶ はげまさないで聞いてあげる

出来事 テストでいい点が取れなくて

>>> そろばん教室の帰り道です。もうすぐ、れんさんも3年生が終わります。

やっぱりひろとさんは頭いいね！ぼくあんな早くできないよ。

れん

ひろと

そんなことないよ、昨日（きのう）なんかテストでいい点取れなかったから、塾（じゅく）の先生にそんなんじゃ M中学校に行けないよって言われちゃった。どうしよう……

ええ……じゃあ、がんばらないと。

そうだね。分かってるんだけど、毎日毎日勉強してたらしんどくなっちゃった。絶対（ぜったい）M中学校に入ってサッカーをしたいのに。M中に行けなかったらどうしよう……

それならもっともっとがんばりなよ。弱音はいたらダメだよ。

>>> ひろとさんはそれを聞いて暗い顔になりました。

……

あれ……（はげましたのにひろとさん、何で暗い顔になったのかな。困（こま）った……）

どうしてれんさんは
困っているか
考えてみよう

考えてみよう！

「困った……だって

_____

_____

なんだもん」

? れんさんが次から困らないようにするには、どうしたらよいかを
いっしょに考えてあげましょう。

ヒント

● がんばっているのに、さらに「がんばって」って言われたらどんな気持ちになるかな？
● 大変なとき、なんて言ってもらえると楽になるかな？

まどか先生

›››　れんさんはひろとさんの本当の気持ちが分かりました。

ひろとさんでもしんどくなることがあるんだね。そりゃ、ずっと勉強ばっかりやっていたらしんどくなるよね。

分かってくれる？

うん。ひろとさんはいつもがんばっているもんね。またしんどくなったらいつでもぼくに言ってね。そのときはぼくがたくさん笑わせてあげるよ。

れん、ありがとう！ぼくがんばる！

まどか先生からの
アドバイス

　れんさんは勉強でしんどくなっていたひろとさんをはげまそうとして、「もっとがんばりなよ」って声をかけたんだね。それでがんばる気持ちになる人もいるけど、逆に、もっとしんどくなる人もいるよね。「もうこれ以上がんばれない！」って気持ちだね。ひろとさんはそうだったみたいだね。そんなときは、しんどい気持ちを聞いてあげるだけでもいいよね。

　では、次は本を読んでいる他のみんなからの質問です。あなたもいっしょに考えてみましょう。

みんなからの 質問 コーナーです。 あなたも考えて答えてみましょう。
（　）は、まどか先生の答えです。

質問 みんなはがんばりすぎてしんどくなったことはありますか？

（先生も、マラソン大会で1番を取りたくてがんばりました。）

質問 みんなは「がんばって」って言われるとがんばりますか？

（先生は、もうやめてと思います。）

質問 がんばりすぎてしんどいときは何て言われたいですか？

（先生は、大変だね……って聞いてもらうだけでいいです。）

>>> いろいろな答えがあったよね。では最後にコグトレ先生からのアドバイスだよ。

ここの まとめ

コグトレ
先生

　友達から相談されたときは、友達はアドバイスがほしい、と思っていないときもあります。友達から「どうしよう……」って言われても、単にしんどい気持ちを聞いてほしいだけのときがあります。そんなときに「そんなことを言ったらダメだよ」とか「こうしたらいい」とか「がんばって」と言われると、友達が余計にしんどくなることもあります。まずは「大変だったね」って声をかけてあげましょう。

➡これで終わりだよ。みなさん、おつかれ様でした。最後に、れんさんとゆいさんからお話があるよ。

おわりに

どうでしたか？毎日いろいろなことが起こるね。

れん

ゆい

いろいろあったけど、できるようになったこと、分かるようになったことが増えました。

ぼく、失敗ばかりだったよ。でもね、今では人の気持ちが分かるようになってきたよ。

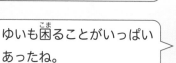

ゆいも困ることがいっぱいあったね。

そう、いっぱいだった。よくいかりでキレそうなときもあったけど、もうキレなくなったよ。

みなさんはどうでしたか？いっしょに考えたり、分かるようになったことがあったりしましたか？
これからもいろいろなことが起こるけど、どうしたらいいか考える練習ができたからがんばれそうです。

みなさんも、困ったときには "どう考えたらいいか"、"次からどうするか" を自分で考えられるようになったはずです。

不安になったら、またこの本を読んでください。
困ったときほど成長できるって分かったから、
私たちもいっぱいなやみながら成長していきます。

最後まで読んでくれてありがとうございました。
いつも笑顔を忘れず元気でいましょうね。

著者紹介 ··

宮口　幸治（みやぐち・こうじ）

立命館大学教授、児童精神科医。一社）日本 COG-TR 学会代表理事。医学博士、日本精神神経学会専門医、子どものこころ専門医、臨床心理士、公認心理師。京都大学工学部卒業、建設コンサルタント会社勤務の後、神戸大学医学部医学科卒業。大阪府立精神医療センターなどに勤務の後、法務省宮川医療少年院、交野女子学院医務課長を経て、2016 年より現職。児童精神科医として、困っている子どもたちの支援を教育・医療・心理・福祉の観点で行う「日本 COG-TR 学会」を主宰し、全国で教員向けに研修を行っている。著書に『教室で困っている発達障害をもつ子どもの理解と認知的アプローチ』『性の問題行動をもつ子どものためのワークブック』『教室の「困っている子ども」を支える 7 つの手がかり』『NG から学ぶ　本気の伝え方』（以上、明石書店）、『不器用な子どもたちへの認知作業トレーニング』『コグトレ　みる・きく・想像するための認知機能強化トレーニング』（以上、三輪書店）、『1 日 5 分！　教室で使えるコグトレ　困っている子どもを支援する認知トレーニング 122』『もっとコグトレさがし算 60　初級・中級・上級』『1 日 5 分！　教室で使える漢字コグトレ小学 1 ～ 6 年生』『学校でできる！　性の問題行動へのケア』（以上、東洋館出版社）、『ケーキの切れない非行少年たち』『どうしても頑張れない人たち』（以上、新潮社）などがある。

自分でできるコグトレ②
感情をうまくコントロールするためのワークブック
学校では教えてくれない　困っている子どもを支える認知ソーシャルトレーニング

| 2020 年 9 月 10 日 | 初版第 1 刷発行 |
| 2024 年 1 月 31 日 | 初版第 3 刷発行 |

著　　者	宮口幸治
シナリオ制作	宮口　円
発行者	大江道雅
発行所	株式会社明石書店
	〒101-0021 東京都千代田区外神田 6-9-5
	電話　　03-5818-1171
	FAX　　03-5818-1174
	振替　　00100-7-24505
	https://www.akashi.co.jp/
カバー・本文イラスト	今井ちひろ
装丁	谷川のりこ
印刷・製本	モリモト印刷株式会社

定価はカバーに記してあります。
ISBN978-4-7503-5054-7

自分でできるコグトレ

学校では教えてくれない困っている子どもを支えるトレーニングシリーズ

宮口幸治 編著

■B5判変型／並製　各巻1800円

学校教育等で幅広く使われ始めているコグトレシリーズを、子どもが一人でも取り組めるように構成したワークブックシリーズです。小学生の姉弟の毎日に起こる出来事を通して、困ったことや不安なことを「解決する力」を身につけることができます。

① 学びの土台を作るためのワークブック
② 感情をうまくコントロールするためのワークブック
③ うまく問題を解決するためのワークブック
④ 正しく自分に気づくためのワークブック
⑤ 対人マナーを身につけるためのワークブック
⑥ 身体をうまく使えるためのワークブック

教室の困っている発達障害をもつ子どもの理解と認知的アプローチ
非行少年の支援から学ぶ学校支援
宮口幸治著
◎1800円

教室の「困っている子ども」を支えるフつの手がかり
この子はどこでつまずいているのか？
宮口幸治、松浦直己著
◎1300円

性の問題行動をもつ子どものためのワークブック
発達障害・知的障害のある児童・青年の理解と支援
宮口幸治、川上ちひろ著
◎2000円

NGから学ぶ 本気の伝え方
あなたも子どものやる気を引き出せる！
宮口幸治、田中繁富著
◎1400円

発達障害がある子のための「暗黙のルール」
〈場面別〉マナーと決まりがわかる本
ブレンダ・スミス・マイルズほか著　萩原拓監修　西川美樹訳
◎1400円

だいじょうぶ 自分でできる心配の追いはらい方ワークブック
イラスト版 子どもの認知行動療法1
ドーン・ヒューブナー著　ボニー・マシューズ絵　上田勢子訳
◎1500円

だいじょうぶ 自分でできる怒りの消火法ワークブック
イラスト版 子どもの認知行動療法2
ドーン・ヒューブナー著　ボニー・マシューズ絵　上田勢子訳
◎1500円

だいじょうぶ 自分でできるはずかし！過去から抜け出す方法ワークブック
イラスト版 子どもの認知行動療法9
クレア・A・B・フリーランド、ジャクリーン・B・トナー著　ジャネット・マクドネル絵　上田勢子訳
◎1500円

〈価格は本体価格です〉